壬辰年夏知津堂據宋淳熙撫州公使庫刻紹熙四年重修本影印

春秋公羊經傳解詁

（戰國）公羊高撰　（漢）何休解詁

（唐）陸德明釋文

黃山書社

圖書在版編目（CIP）數據

春秋公羊經傳解詁 /（戰國）公羊高撰；（漢）何休解詁等 . — 影印本 . — 合肥：黃山書社，2012.7

ISBN 978-7-5461-2933-4

Ⅰ . ①春… Ⅱ . ①公… ②何… Ⅲ . ①中國歷史 — 春秋時代 — 編年體②《公羊傳》— 注釋 Ⅳ . ① K225.04

中國版本圖書館 CIP 數據核字 (2012) 第 160301 號

ISBN 978-7-5461-2933-4

春秋公羊經傳解詁

宋淳熙撫州公使庫刻紹熙四年重修本

策　劃／任耕耘
責任編輯／湯吟菲
責任印制／李曉明
出版發行／黃山書社
社　址／合肥市政務文化新區翡翠路一一一八號出版傳媒廣場
印　刷／揚州文津閣古籍印務有限公司
經　銷／新華書店
開　本／七〇〇×一六〇〇毫米　八開
印　張／六六·五
版　次／二〇一二年八月第一版第一次印刷
標準書號／ISBN 978-7-5461-2933-4
定　價／壹仟叁佰捌拾圓（全五册）

漢司空掾任城樊何休序

昔者孔子有云吾志在春秋行在孝經此二學者聖人之極致治世之要務也傳春秋者非一本據亂而作其中多非常異義可怪之論說者疑惑至有倍經任意反傳違戾者其勢雖問不得不廣是以講誦師言至於百萬猶有不解時加釀嘲辭援引他經失其句讀以無為有甚可閔笑者不可勝記也是以治古學貴文章者謂之俗儒至使賈逵緣隙奮筆以為公羊可奪左氏可興恨先師觀聽不決多隨二創此世之餘事斯豈非守文持論敗績失據之過哉余竊悲之久矣往者略依胡毋（音無）生條例多得其正故遂隱括使就繩墨焉

春秋公羊經傳解詁隱公第一

何休學

元年春王正月元年者何諸據疑問所不知故曰者何君之始年也以常錄即位知君之始年君魯侯隱公也年者十二月之摠號春秋書十二月稱年是也變一為元元者氣也無形以起有形以分造起天地天地之始也故上無所繫而使春繫之也不言公言君之始年者王者諸侯皆稱君所以通其義於王者惟王者然後改元立號春秋託新王受命於魯故因以錄即位明王者當繼天奉元養成萬物春者

何獨在王上故執不知問歲之始也以上繫元年在王正月之上知歲之始也春者天地開辟之端
養生之首法象所出四時本名也昏斗指東方曰春指南方曰夏指西方曰秋指北方曰冬歲者揔號其成功之稱尚書
以閏月定四時成歲是也王者孰謂孰誰也欲言時王則無事欲言先王又無謚故問誰謂謂
文王也以上繫王於春知謂文王也文王周始受命之王天之所命故上繫天端方陳受命制正月故假以為王
法不言謚者法其生不法其死與後王共之人道之始也曷為先言王而後言正
月据下秋七月天王先言月而後言王王正月也以上繫於王知王者受命布政施教所制月也王者受命
必徙居處改正朔易服色殊徽號變犧牲異器械明受之於天不受之於人夏以斗建寅之月為正平旦為朔法物見色尚黑
殷以斗建丑之月為正雞鳴為朔法物牙色尚白周以斗建子之月為正夜半為朔法物萌色尚赤何言乎王
正月据定公有王無正月大一統也統者始也揔繫之辭夫王者始受命改制布政施教於天下自
公侯至於庶人自山川至於草木昆蟲莫不一一繫於正月故云政教之始公何以不言即位

据文公言即位也即位者一國之始政莫大於正始故春秋以元之氣正天之端以天之端正王之政以王之政正諸侯之即
位以諸侯之即位正竟內之治諸侯不上奉王之政則不得即位故先言正月而後言即位政不由王出則不得為政故先言
王而後言正月也王者不承天以制號令則無法故先言春而後言王夫不深正其元則不能成其化故先言元而後言春五
者同日並見相須成體乃天人之大本萬物之所繫不可不察也成公意也以不有正月而去即位知其成
公意何成乎公之意据剌欲救紀而後不能公將平國而反
之桓平治也時廢桓立隱不平故曰平反還之曷為反之桓据己立也桓
幼而貴隱長而卑長者已冠也禮年二十見正而冠士冠禮曰嫡子冠於阼以著代也
醮於客位加有成也三加彌尊諭其志也冠而字之敬其名也公侯之有冠禮夏之末造也天子之元子猶士也天下無生而
貴者其為尊卑也微母俱媵也國人莫知國人謂國中凡人莫知者
言惠公不早分別也禮男子年六十閉房無世子則命貴公子將薨亦如之隱長又賢此以上皆

道立隱所緣諸大夫扳隱而立之扳引也諸大夫立隱不起者在春秋前明王者受命
不追治前事孔子曰不教而殺謂之虐不戒視成謂之暴隱於是焉而辭立辭讓也言
隱欲讓則未知桓之將必得立也是時公子非一且如桓
立且如假設之辭則恐諸大夫之不能相幼君也隱見諸大
夫背正而立已不正恐其不能相之故凡隱之立為桓立也凡者凡上所慮二事
皆不可故於是己立欲須桓長大而歸之故曰為桓立明其本無受國之心故不書即位所以起其讓也隱長
又賢何以不宜立据賢繆公與大夫讓且長以得立立適以長
不以賢立子以貴不以長適謂適夫人之子尊無與敵故以齒子謂左右
媵及姪娣之子位有貴賤又防其同時而生故以貴也禮適夫人無子立右媵右媵無子立左媵左媵無子立嫡姪娣嫡姪娣
無子立右媵姪娣右媵姪娣無子立左媵姪娣質家親親先立娣文家尊尊先立姪嫡子有孫而死質家親親先立弟文家尊

尊先立孫其雙生也質家据見立先生文家据本意立後生皆所以防愛爭桓何以貴据俱公子
也母貴也据桓母右媵母貴則子何以貴据俱言公子子
以母貴以母秩次立也母以子貴禮妾子立則母得為夫人夫人成風是也三
月公及邾婁儀父盟于眛及者何與也若曰公與
邾婁盟也會及暨皆與也都解經上會及暨也曷為或言會
或言及或言暨會猶最也最聚也直自若平時聚會無他深淺意也
最之為言聚若今聚民為投最及猶汲汲也暨猶暨暨也及
我欲之暨不得已也我者謂魯也內魯故言我舉及暨者明當隨意善惡而原
之欲之者善重惡深不得已者善輕惡淺所以原心定罪儀父者何邾婁之君
也以言公及不諱知為君也何以名据齊侯以祿父為名字也以當褒知為字曷為

稱字據諸侯當稱爵褒之也以宿與微者盟書卒知與公盟當褒之有土嘉之曰褒無土建國曰封稱字所以爲褒之者儀父本在春秋前失爵在名例爾曷爲褒之據功不見爲其與公盟也爲其始與公盟盟者殺生歃血詛命相誓以盟約束也傳不足言託始者儀父比宿滕薛最在前嫌獨爲儀父發始下三國意不見故顯之與公盟者衆矣曷爲獨褒乎此據戎齊侯莒人皆與公盟傳不足託始故復據衆也因其可褒而褒之春秋王魯託隱公以爲始受命王因儀父先與隱公盟可假以見褒賞之法故云爾此其爲可褒柰何漸進也漸者物事之端先見之辭去惡就善曰進譬若隱公受命而王諸侯有倡始先歸之者當進而封之以率其後不言先者亦爲所褒者法明當積漸深知聖德灼然之後乃往不可造次陷於不義眛者何地期也會盟戰皆録地其所期處重期也凡書盟者惡之也爲其約誓大甚朋黨深背之生患禍重之胥命於蒲善近正是也君大夫盟例日惡不信也此月者隱推讓以立邾婁慕義而來相親信故爲小信辭也大信者時柯之盟是也魯稱公者臣子心所欲尊號其君父公者五等之爵最尊王者探臣子心欲尊其君父使得稱公故春秋以臣子書葬者皆稱公于者於也凡以事定地者加于例以地定事者不加于例夏五月鄭伯克段于鄢克之者何加之者問訓詁并問施于之爲殺之也殺之則曷爲謂之克大鄭伯之惡也以弗克納大郤缺之善知加克大鄭伯之惡也曷爲大鄭伯之惡據晉侯殺其世子申生不加克以大之母欲立之己殺之如勿與而已矣如即不如齊人語也加克者有嫌也段無弟文稱君甚之不明又段當國嫌鄭伯殺之無惡故變殺言克明鄭伯爲人君當如傳辭不當自己行誅殺使執政大夫當誅之克者詁爲殺亦爲能惡其能忍戾母而親殺之禮公族有罪有司讞于公公曰宥之及三宥不對走出公又使人赦之以不及反命公素服不舉而爲之變如其倫之喪無服親哭之段者何鄭伯之弟也殺母弟故直稱君何以不稱弟據天王殺其弟年夫稱弟當國也

成其賢其言來何据歸含日賵不言來不及事也比於去來爲不及事時以葬事畢無所復施故云爾夫來所以爲及事者若已在於內者其言惠公仲子何据歸含且賵不言主名兼之兼之非禮也禮不賵妾既善而賵之當各使一使所以異尊卑也言之賵者起兩賵也何以不言及仲子据及者別公夫人尊卑文也仲子即卑稱也仲子微也比夫人微故不得並及公也月者爲內恩錄之也諸侯不月比於王者輕會葬皆同例言天王者時吳楚上僭稱王王者不能正而上自繫於天也春秋不正者因以廣是非稱使者王尊敬諸侯之意也王者据土與諸侯分職俱南面而治有不純臣之義故異姓謂之伯舅叔舅同姓謂之伯父叔父言歸者與使有之辭也天地所生非一家之有有無當相通所傳聞之世外小惡不書書者來接內也春秋王魯以魯爲天下化首明親來被王化漸漬禮義者在可備責之域故從內小惡舉也主書者從不及事也

九月及宋人盟于宿孰及之內之微者也內者謂魯也微者謂士也不名者略微也大者正小者治近者說遠者來是以春秋上刺王公下譏卿大夫而逮士庶人宋稱人者亦微者也魯不稱人者自內之辭也宿不出主名者主國主名與可知故省文明宿當自首其榮辱也微者盟例時不能專正故責略之此月者隱公賢其雖使微者有可采取故錄也

冬十有二月祭伯來祭伯者何天子之大夫也以無所繫言來也何以不稱使据凡伯稱使奔也奔者走也以不稱使而無事知其奔奔則曷爲不言奔据齊慶封來言奔王者無外言奔則有外之辭也言奔則與外大夫來奔同文故去奔明王者以天下爲家無絕義主書者以罪舉內外皆書者重乖離之禍也當春秋時廢選舉之務置不肖於位輒退絕之以生過失至於君臣忿爭出奔國家之所以昏亂社稷之所以危亡故皆錄之錄所奔者爲受義者明當受賢者不當受惡人也祭者采邑也伯者字也天子上大夫字尊尊之義也月者爲下卒也當案下例當蒙上月日不出奔例時一月二事月當在上十言有二者起十復有二非十之二

公子益師卒何以不日据臧孫辰書日遠也孔子所不見所

見異辭所聞異辭所傳聞異辭所見者謂昭定哀已與父時事也所聞者謂文宣成襄王父時事也所傳聞者謂隱桓莊閔僖高祖曾祖時事也異辭者見恩有厚薄義有深淺時恩衰義缺將以理人倫序人類因制治亂之法故於所見之世恩已與父之臣尤深大夫卒有罪無罪皆日錄之丙申季孫隱如卒是也於所聞之世王父之臣恩少殺大夫卒無罪者日錄有罪者不日略之叔孫得臣卒是也於所傳聞之世高祖曾祖之臣恩淺大夫卒有罪無罪皆不日略之也公子益師無駭卒是也於所傳聞之世見治起於衰亂之中用心尚麤觕故內其國而外諸夏先詳內而後治外錄大略小內小惡書外小惡不書大國有大夫小國略稱人內離會書外離會不書是也於所聞之世見治外平內諸夏而外夷狄書外離會小國有大夫宣十一年秋晉侯會狄於攢函襄二十三年邾婁鼻我來奔是也至所見之世著治大平夷狄進至於爵天下遠近小大若一用心尤深而詳故崇仁義譏二名晉魏曼多仲孫何忌是也所以三世者禮爲父母三年爲祖父母期爲曾祖父母齊衰三月立愛自親始故春秋据哀錄隱上治祖禰所以二百四十二年者取法十二公天數備足著治法式又因周道始壞絶於惠隱之際主所以卒大夫者

明君當隱痛之也君敬臣則臣自重君愛臣則臣自盡公子者氏也益師者名也諸侯之子稱公子公子之子稱公孫

二年春公會戎于潛凡書會者惡其虛內務恃外好也古者諸侯非朝時不得踰竟所傳聞之世外離會不書書內離會者春秋王魯明當先自詳正躬自厚而薄責於人故略外也王者不治夷狄錄戎者來者勿拒去者勿追東方曰夷南方曰蠻西方曰戎北方曰狄朝聘會盟例皆時

夏五月莒人入向入者何得而不居也入者以兵入也已得其國而不居故云爾凡書兵者正不得也外內深淺皆舉之者因重兵害衆兵動則怨結禍構更相報償伏尸流血無已時諸侯擅興兵不爲大惡者保伍連帥本有用兵征伐之道魯入杞不諱是也入例時傷害多則月

無駭帥師入極無駭者何展無駭也何以不氏据公子遂帥師入杞氏公子也貶貶猶損也曷爲貶据公子遂俱用兵入杞不貶也疾始滅也以下終其身不氏知貶疾始滅非但起入爲滅始滅昉於此乎昉適也齊人語据傳言撥亂世前此矣前此者在春秋前謂

宋滅郜是也前此則曷爲始乎此託始焉爾焉爾猶於是也曷爲託始焉爾据戰伐不言託始春秋之始也春秋託王者始起所當誅也言疾始滅者諸滅復見不復貶皆從此取法所以省文也此滅也其言入何据齊師滅譚不言入內大惡諱也明魯臣子當爲君父諱滅例月不復出月者與上同月當案下例當蒙上月日不秋八月庚辰公及戎盟于唐後不相犯日者爲後背隱而善桓能自復爲唐之盟九月紀履緰來逆女紀履緰者何紀大夫也以逆女不稱使知爲大夫何以不稱使据宋公使公孫壽來納幣稱使婚禮不稱主人爲養廉遠恥也然則曷稱稱諸父兄師友宋公使公孫壽來納幣則其稱主人何辭窮也辭窮者何無母也禮有母母當命諸父兄師友稱諸父兄師友以行宋公無母莫使命之辭窮故自命之自命之則不得不稱使然則紀有母乎曰有以不稱使知有母有則何以不稱母据非主人何不稱母通使文母不通也禮婦人無外事但得命諸父兄師友稱諸父兄師友以行耳母命不得達故不得稱母通使文所以遠別也外逆女不書此何以書据伯姬歸于宋不書逆人譏譏猶譴也何譏爾譏始不親迎也禮所以必親迎者所以示男先女也於廟者告本也夏后氏逆於庭殷人逆於堂周人逆於戶始不親迎昉於此乎前此矣以惠公妃匹不正不嫌無前也前此則曷爲始乎此託始焉爾焉爾猶於是也曷爲託始焉爾据納幣不託始春秋之始也春秋正夫婦之始也夫婦正則父子親父子親則君臣和君臣和則天下治故夫婦者人道之始王教之端內逆女常書外逆女但疾始不常書者明當先自正躬自厚而薄責於人故略外也女

曷爲或稱女或稱婦或稱夫人女在其國
稱女未離父母之辭紀履綸來逆女是也在塗稱婦在塗見夫服從之辭公子結媵陳人
之婦是也入國稱夫人入國則尊尊有臣子之辭夫人姜氏入是也紀與大夫書紀履綸者重婚禮也
月者不親迎例月重録之親迎例時冬十月伯姬歸于紀伯姬者何
内女也以無所繫也不[illegible]三者婦人外成不得獨繫父母其言歸何據去父母國也婦
人謂嫁曰歸婦人生以父母爲家嫁以夫爲家故謂嫁曰歸明有二歸之道書者父母恩録之也禮男
之將取三日不舉樂思嗣親也女之將嫁三夜不息燭思相離也内女歸例月恩録之紀子伯莒子
盟于密紀子伯者何無聞焉爾言無聞者春秋有改周受
命之制孔子畏時遠害又知秦將燔詩書其説口授相傳至漢公羊氏及弟子胡毋生等乃始記於竹帛故有所失也十
有二月乙卯夫人子氏薨夫人子氏者何

隱公之母也以不書葬何以不書葬據姒氏書葬成公
意也何成乎公之意據已去即位子將不終爲
君故母亦不終爲夫人也時隱公卑其母不以夫人禮葬之以妾
禮葬之以卑下桓母無終爲君之心得事之宜故善而不書葬所以起其意而成其賢子者姓也夫人以姓配號義與仲
子同書薨者爲隱公恩録痛之也日者恩録之公夫人皆同例也鄭人伐衛書者與入向同侵伐圍入
例皆時
三年春王二月二月三月皆有王者二月殷之正月也三月夏之正月也王者存二王之後使統其
正朔服其服色行其禮樂所以尊先聖通三統師法之義恭讓之禮於是可得而觀之己巳日有
食之何以書據言何以書者問不書記異也異者非常可怪先事而至者是後衛
州吁弑其君完諸侯初僭魯隱係獲公子翬進諂謀日食則曷爲或日或不

日或言朔或不言朔曰某月某日朔日有食之者食正朔也 桓三年秋七月壬辰朔日有食之是也此象君行外彊內虛是故日月之行無遲疾食不失正朔也 其或日或不日或失之前或失之後失之前者朔在前也 謂二日食己巳日有食之是也此象君行暴急外見畏故日行疾月行遲過朔乃食失正朔於前也 失之後者朔在後也 謂晦日食莊公十八年三月日有食之是也此象君行懦弱見陵故日行遲月行疾未至朔而食失正朔於後也不言月食之者其形不可得而覩也故疑言日有食之孔子曰多聞闕疑慎言其餘則寡尤不傳天下異者從王內録可知也 三月庚戌天王崩 平王也 何以不書葬 據書葬桓王 天子記崩不記葬必其時也 至尊無所屈也 諸侯記卒記葬有天子存 存在 不得必其時也 設有王后崩當越紼而奔喪不得必其時故恩録之

曷為或言崩或言薨天子曰崩 大毀壞之辭 諸侯曰薨 小毀壞之辭 大夫曰卒 卒猶終也 士曰不祿 不祿無祿也皆所以別尊卑也葬不別者從恩殺略也書崩者為天下恩痛王者也記諸侯卒葬者王者亦當加之以恩禮故為恩録 夏四月辛卯尹氏卒尹氏者何天子之大夫也 以尹氏立王子朝也 其稱尹氏何 據宰渠氏官劉卷卒名 貶曷為貶 據俱卒也 譏世卿 世卿者父死子繼也貶去名言氏者起其世也若曰世世尹氏也 世卿非禮也 禮公卿大夫士皆選賢而用之卿大夫任重職大不當世為其秉政久恩德廣大小人居之必奪君之威權故尹氏世立王子朝齊崔氏世弒其君光君子疾其末則正其本見譏於卒者亦不可造次無故驅逐必因其遇卒絕之明君案見勞授賞則衆譽不能進無功案見惡行誅則衆讒不能退無罪 外大夫不卒此何以卒 據原仲不卒 天王崩諸侯之主也 時天王崩魯隱往奔喪尹氏主儐贊諸侯與隱交接而卒恩隆於王

者則加禮録之故爲隱恩録痛之日者恩録之明當有恩禮秋武氏子來求賻
武氏子者何天子之大夫也其稱武氏子
何据宰渠氏官仍叔不稱氏尹氏不稱子譏何譏爾父卒子未命
也時雖世大夫緣孝子之心不忍便當父位故順古先試一年乃命於宗廟武氏子父新死未命而便爲大夫薄父子之恩
故稱氏言子見未命以譏之何以不稱使据南季稱使當喪未君
也當喪謂天子也未君者未三年也未可居君位稱使也故絕正其義與毛伯同武氏子來求
賻何以書不但言何以書者嫌以主覆問上所以說二事不問求賻譏何譏爾
喪事無求求賻非禮也主爲求賻書也禮本爲有財者制有則送之無
則致哀而已不當求求則皇皇傷孝子之心蓋通于下云爾者嫌天子財多不當求下財少可求
故明皆不當求之八月庚辰宋公和卒不言薨者春秋王魯死當有王文聖人之

爲文辭孫順不可言崩故貶外言卒所以褒內也宋稱公者殷後也王者封二王後地方百里爵稱公客待之而不臣也
詩云有客宿宿有客信信是也冬十有二月齊侯鄭伯盟于石
門癸未葬宋繆公葬者曷爲或日或不
日不及時而日渴葬也不及時不及五月也禮天子七月而葬同軌畢至諸侯五
月而葬同盟至大夫三月而葬同位至士踰月外姻至孔子曰葬於北方北首三代之達禮也之幽之故也渴喻急也乙未葬齊
孝公是也不及時而不日慢葬也慢葬不能以禮葬也八月葬蔡宣公是也
過時而日隱之也隱痛也痛賢君不得以時葬丁亥葬齊桓公是也過時
而不日謂之不能葬也解緩不能以時葬夏四月葬衛桓公是也當
時而不日正也六月葬陳惠公是也當時而日危不得
葬也此當時何危爾宣公謂繆公曰以

吾愛與夷則不若愛女以爲社稷宗廟主則
與夷不若女盍終爲君矣與夷者宣公之子繆公者宣公之弟宣公死
繆公立繆公逐其二子莊公馮與左師勃左師官勃名也曰
爾爲吾子生毋相見死毋相哭所以遠絕之與夷復曰復報
先君之所爲不與臣國而納國乎君者以君可以
爲社稷宗廟主也今君逐君之二子而將
致國乎與夷此非先君之意也且使子而
可逐則先君其逐臣矣繆公曰先君之不
爾逐可知矣爾女也可知者欲使我反國吾立乎此攝也暫攝
行君事不得傳與子也謙辭終致國乎與夷莊公馮弒與

夷馮與督共弒殤公在桓二年危之於此者死乃反國非至賢之君不能不爭也故君子大
居正明脩法守正最計之要者宋之禍宣公爲之也言死而讓開爭原也
繆公亦死而讓得爲功者反正也外小惡不書録渦隱者明諸侯卒王者當加恩意憂勞其國所以哀死閔患也
四年春王二月莒人伐杞取牟婁牟婁
者何杞之邑也以上有伐杞外取邑不書此何以
書据楚子伐宋取彭城不書疾始取邑也外小惡不書以外見疾始著取邑以自廣大比
於貪利差爲重故先治之也內取邑常書外但疾始不常書者義與上逆女同不傳託始者前此有滅不嫌無取邑當託始明故省文也取邑例時戊申衛州吁弒其君完曷爲以國
氏据齊公子商人弒其君舍氏公子當國也與段同義日者從外赴辭以賊聞例夏公
及宋公遇于清遇者何不期也一君出一君

要之也古者有遇禮爲朝天子若朝罷朝卒相遇于塗近者爲主遠者爲賓稱先君以相接所以崇禮讓絕慢易也當春秋時出入無度禍亂姦宄多在不虞無故卒然相要小人將以生心故重而書之所以防禍原也言及者起公要之明非常遇也地者重録之遇例時宋公陳侯蔡人衛人伐鄭秋翬帥師會宋公陳侯蔡人衛人伐鄭翬者何公子翬也以入桓稱公子何以不稱公子貶曷爲貶据叔老會鄭伯伐許不貶與弒公也弒者殺也臣弒君之辭以終隱之篇貶知與弒公也其與弒公奈何公子翬諂乎隱公諂猶佞也謂隱公曰百姓安子諸侯說子盍終爲君矣隱曰吾否否不也吾使脩塗裘吾將老焉塗裘者邑名也將老焉者將辟桓居之以自終也故南面之君勢不可復爲臣故云爾不

以成公意者隱本爲桓守國國邑皆桓之有不當取以自爲也公子翬恐若其言聞乎桓於是謂桓曰吾爲子口隱矣口猶口語相發動也隱曰吾不反也桓曰然則奈何曰請作難難兵難也弒隱公諡者傳家所加於鍾巫之祭焉弒隱公也鍾者地名也巫者事鬼神禱解以治病請福者也男曰覡女曰巫傳道此者以起淫祀之人無福九月衛人殺州吁于濮其稱人何据晉殺大夫里克俱弒君賊不稱人討賊之辭也討者除也明國中人人得討之所以廣忠孝之路書者善之也討賊例時此月者久之也冬十有二月衛人立晉晉者何公子晉也以下有衛侯晉卒又言立立者何立者不宜立也諸侯立不言立此獨言立明不宜立之辭其稱人何据尹氏立王子朝也衆立

之之辭也晉得衆國中人人欲立之然則孰立之石碏立之石碏立之則其稱人何據尹氏立王子朝不稱人衆之所欲立也衆雖欲立之其立之非也凡立君爲衆衆皆欲立之嫌得立無惡故使稱人見衆言立也明下無廢上之義聽衆立之爲立篡也不剌嗣子失位者時未當而喪典主得權重也月者大國篡例月小國時立納入皆爲篡卒日葬月達於春秋爲大國例主書從受立也

五年春公觀魚于棠何以書譏何譏爾遠也公曷爲遠而觀魚據浚洙也登來之也登讀言得來得來之者齊人語也齊人名求得爲得來作登來者其言大而急由口授也百金之魚公張之解言登來之意也百金猶百萬也古者以金重一斤若今萬錢矣張謂張罔罟障谷之屬也登來之者何弟子未解其言大小緩急故復問之美大之之辭也其言大而急者

美大多得利之辭也寳譏張魚而言觀譏遠者恥公去南面之位下與百姓爭利匹夫無異故諱使若以遠觀爲譏也諸諱主書者從實也觀例時從行賊略之棠者何濟上之邑也濟者四瀆之別名江河淮濟爲四瀆

夏四月葬衞桓公秋衞師入盛曷爲或言率師或不言率師將尊師衆稱某率師將尊者謂大夫也師衆者滿二千五百人以上也二千五百人稱師無駭率師入極是也禮天子六師方伯二師諸侯一師將尊師少稱將師少者不滿二千五百人也衞孫良夫伐廧咎如是也將卑師衆稱師將卑者謂士也衞師入盛是也將卑師少稱人鄭人伐衞是也君將不言率師書其重者也分別之者責元帥因録功惡有小大救徐從王伐鄭是也

九月考仲子之宮考宮者何考猶入室也始祭仲子也

考成也成仲子之宫廟而祭之所以居其鬼神猶生人入宫室必有飲食之事不就惠公廟者妾母卑故雖爲夫人猶特廟而祭之禮妾廟子死則廢矣不言立者得變禮也加之者宫廟尊卑共名非配號稱之辭故加之以絶也一日桓未君則曷爲祭仲子據無子不廟也隱爲桓立故爲桓祭其母也然則何言爾成公意也尊桓之母爲立廟所以彰桓當立得事之宜故善而書之所以起其意成其賢也初獻六羽初者何始也六羽者何舞也執羽而舞初獻六羽何以書譏何譏爾譏始僭諸公也僭齊也下傚上之辭六羽之爲僭奈何天子八佾佾者列也八人爲列八八六十四人法八風諸公六六人爲列六六三十六人法六律諸侯四四人爲列四四十六人法四時諸公者何諸侯者何天子三公稱公王者之後稱公

其餘大國稱侯大國謂百里也小國稱伯子男小國謂伯七十里子男五十里天子三公者何天子之相也相助也天子之相則何以三據經但有祭公周公自陝而東者周公主之自陝而西者召公主之一相處乎內陝者蓋今弘農陝縣是也禮司馬主兵司徒主教司空主土春秋撥亂世以絀陟爲本故舉絀陟以所主者言之始僭諸公昉於此乎前此矣前此則曷爲始乎此僭諸公猶可言也僭天子不可言也傳云爾者解不託始也前僭八佾於惠公廟大惡不可言也還從僭六羽譏本所當託者非但六也故不得復傳上也加初者以爲常也獻者下奉上之辭不言六佾者言佾則干舞在其中明婦人無武事獨奏文樂羽者鴻羽也所以象文德之風化疾也夫樂本起於和順和順積於中然後榮華發於外是故八音者德之華也歌者德之言也舞者德之容也故

聽其音可以知其德察其詩可以達其意論其數可以正其容薦之宗廟足以享鬼神用之朝廷足以序羣臣立之學官足以協萬民凡人之從上教也皆始於音音正則行正故聞宮聲則使人溫雅而廣大聞商聲則使人方正而好義聞角聲則使人惻隱而好仁聞徵聲則使人整齊而好禮聞羽聲則使人樂養而好施所以感蕩血脈通流精神存寧正性故樂從中出禮從外作也禮樂接於身望其容而民不敢慢觀其色而民不敢爭故禮樂者君子之深教也不可須臾離也君子須臾離禮則暴慢襲之須臾離樂則姦邪入之是以古者天子諸侯雅樂鍾磬未曾離於庭卿大夫御琴瑟未曾離於前所以養仁義而除淫辟也魯詩傳曰天子食日舉樂諸侯不釋縣大夫士日琴瑟王者治定制禮功成作樂未制作之時取先王之禮樂宜於今者用之堯曰大章舜曰簫韶夏曰大夏殷曰大護周曰大武各取其時民所樂者名之堯時民樂其道章明也舜時民樂其脩紹堯道也夏時民樂大其三聖相承也殷時民樂大其護己也周時民樂其伐紂也蓋異號而同意異歌而同歸失禮鬼神例日此不日者嫌獨考宮以非禮書故從末言初可知

邾婁人鄭人伐宋邾婁小國序上者主會也

螟何以書記災也災者有害於人物隨事而至者先是隱公張百金之魚設苛令

急法以禁民之所致

冬十有二月辛巳公子彄卒日者隱公賢君宜有恩禮於大夫益師始見法無駭有罪俠又未命也故獨得於此日

宋人伐鄭圍長葛邑不言圍此其言圍何据伐於餘丘不言圍彊也至邑雖圍當言伐惡其彊而無義也必欲為得邑故如其意言圍也所以不知鄭彊者公以楚師伐宋圍緡不言彊也

六年春鄭人來輸平輸平者何輸平猶墮成也何言乎墮成据翬會諸侯伐鄭後未道平也何道墮成敗其成也翬伐鄭後已相與平但外平不書故云爾曰吾成敗矣吾魯也吾與鄭人末有成也末無也此傳發者解鄭稱人為共國辭吾與鄭人則曷為末有成据無戰伐之文狐壤之戰隱公獲焉時與鄭人戰於狐壤為鄭所獲然則何以不言戰戰者內敗文也据翬戰君獲言

師敗績諱獲也君獲不言師敗績故以輸平諱也與寗戰所內敗文異戰例時偏戰日詐戰月不日者鄭詐之不月者正月也見隱終無奉正月之意不地者深諱也使若實輸平故不地也稱人共國辭者嫌來輸平獨惡鄭明鄭擅獲諸侯魯不能死難皆當絕之夏五月辛酉公會齊侯盟于艾

秋七月此無事何以書春秋雖無事首時過則書首始也時四時也過歷也春以正月為始夏以四月為始秋以七月為始冬以十月為始歷一時無事則書其始月也首時過則何以書據無事也春秋編年四時具然後為年明王者當奉順四時之正也尚書曰欽若昊天歷象日月星辰敬授民時是也有事不月者人道正則天道定矣冬宋人取長葛外取邑不書此何以書久也古者師出不踰時今宋更年取邑久暴師苦衆居外故書以疾之不繫鄭舉伐者明因上伐圍取也

七年春王三月叔姬歸于紀叔姬者伯姬之媵也至是乃歸者待年父母國也婦人八歲備數十五從嫡二十承事君子媵賤書者後為嫡終有賢行紀侯為齊所滅紀季以酅入于齊叔姬歸之能處隱約全竟婦道故重録之滕侯卒何以不名據蔡侯考父卒名微國也小國故略不名微國則其稱侯何據大國稱侯小國稱伯子男不嫌也滕侯卒不名下弟稱子不嫌稱侯為大國春秋貴賤不嫌同號貴賤不嫌者通同號稱也若齊亦稱侯滕亦稱侯微者亦稱人貶亦稱人皆有起文貴賤不嫌同號是也美惡不嫌同辭若繼體君亦稱即位繼弒君亦稱即位皆有起文美惡不嫌同辭是也滕微國所傳聞之世未可卒所以稱侯而卒者春秋王魯託隱公以為始受命王滕子先朝隱公春秋褒之以禮嗣子得以其禄祭故稱侯見其義

夏城中丘中丘者何內之邑也城中丘何以書上問中丘者何指問邑也故因言何以書嫌但問書中丘故復言城中丘何以書也以重書

也以功重故書也當稍稍補完之至令大崩弛壞敗然後發衆城之猥苦百姓空虛國家故言城明其功重始作城無異城邑例時齊侯使其弟年來聘其稱弟何据諸侯之子稱公子母弟稱弟母兄稱兄母弟同母弟母兄同母兄不言同母言母弟者若謂不如爲如矣齊人語也分別同母者春秋變周之文從殷之質質家親親明當親厚異於羣公子也聘者問也來聘書者皆喜內見聘事也古者諸侯朝罷朝聘爲慕賢考禮一法度尊天子不言聘公者禮聘受之於大廟孝子謙不敢以已當之歸美於先君且重賓也秋公伐邾婁冬天王使凡伯來聘書者喜之也古者諸侯有較德殊風異行天子聘問之當北面稱臣受之於大廟所以尊王命歸美於先君不敢以已當之戎伐凡伯于楚丘以歸凡伯者何上言聘比言伐嫌其異故執不知問天子之大夫也此聘也其言伐之何据出聘與郯柳異不得言伐也問伐加之者辭問輕重兩舉之執之也執之則

其言伐之何据執季孫隱如不言伐大之也尊大王命責當死位故使與國同曷爲大之据下于突繫諸人不與夷狄之執中國也因地不接京師故以中國正之中國者禮義之國也執者治文也君子不使無禮義制治有禮義故絕不言執正之言伐也執天子大夫而以中國正之者執中國尚不可況執天子之大夫乎所以降夷狄尊天子爲順辭其地何据執季孫隱如不地大之也順上伐文使若楚丘爲國者猶慶父伐於餘丘也不地以衛者天子大夫衛王命至尊顧在所諸侯有出入所在赴其難當與國君等也録以歸者惡凡伯不死位以辱王命也八年春宋公衛侯遇于垂宋公序上者時衛侯要宋公使不虞者爲主明當戒愼之無主者遇在其間置上則嫌爲事出置下則嫌無天法可以制月文不可施也三月鄭伯使宛來歸邴宛者何鄭之微者也邴者何鄭湯沐之邑也天子有事于泰山諸侯皆

從泰山之下諸侯皆有湯沐之邑焉有事者巡守祭天告至之禮也當沐浴絜齊以致其敬故謂之湯沐邑也所以尊待諸侯而共其費也禮四井爲邑邑方二里東方二州四百二十國凡爲邑廣四十里袤四十二里取足舍止共槀穀而已歸邴書者甚惡鄭伯無尊事天子之心專以湯沐邑歸魯背叛當誅也録使者重尊湯沐邑也王者所以必巡守者天下雖平自不親見猶恐遠方獨有不得其所故三年一使三公絀陟五年親自巡守巡猶循也守猶守也循行守視之辭亦不可國至人見爲煩擾故至四嶽足以知四方之政而已尚書曰歲二月東巡守至于岱宗柴望秩于山川遂覲東后協時月正日同律度量衡脩五禮五玉三帛二生一死贄如五器卒乃復五月南巡守至于南嶽如岱禮八月西巡守至于西嶽如初十有一月朔巡守至于北嶽如西禮還至嵩如初禮歸格于禰祖用特是也

庚寅我入邴其言入何据上書歸取邑已明無事復書入也難也入者非已至之文難辭也此魯受邴與鄭同罪當誅故書入欲爲魯見重難辭其日何据取邑不日難也以歸後乃日也言時重難不可即入至此日乃入其言我何据吳伐我以吳伐故

言我言我者非獨我也自入邑不得言我有他人在其中乃得言我故能起其非獨我齊亦欲之時齊與鄭魯比聘會者亦欲得之故以非獨我起齊惡齊惡起則魯蒙欲邑見於惡愈矣

夏六月己亥蔡侯考父卒辛亥宿男卒宿本小國不當卒所以卒而日之者春秋王魯以隱公爲始受命王宿男先與隱公交接故卒褎之也不名不書葬者與微者盟功薄當褎之爲小國故從小國例

秋七月庚午宋公齊侯衛侯盟于瓦屋

八月葬蔡宣公卒何以名而葬不名卒從正卒當赴告天子君前臣名故從君臣之正義言也而葬從主人至葬者有常月可知不赴告天子故自從蔡臣子辭稱公卒何以日而葬不日卒赴赴天子也緣天子閔傷欲其知之又臣子疾痛不能不具以告而葬不告不告天子也發傳於葬者從正也

九月辛卯公及莒人盟

于包來公曷爲與微者盟据與齊高傒盟諱之稱人則從不疑也從者隨從也實莒子也言莒子則嫌公行微不肖諸侯不肯隨從公盟而公反隨從之故使稱人則隨從公不疑矣隱爲桓立狐壤之戰不能死難又受湯沐邑卒無廉恥令翬有緣諂爲桓所疑故著其不肖僅能使微者隨從之耳蓋痛録隱所以失之又見獲受邑皆諱不明因與上相起也螟先是有狐壤之戰中丘之役又受邴田煩擾之應冬十有二月無駭卒此展無駭也何以不氏据公子彄卒氏公子疾始滅也故終其身不氏嫌上貶主起入爲滅不爲疾始故復爲疾始滅終身貶之足見上貶爲疾始滅

九年春天王使南季來聘三月癸酉大雨震電何以書記異也何異爾不時也震雷電者陽氣也有聲名曰雷無聲名曰電周之三月夏之正月雨當水雪雜下雷當聞於地中其雉雊電未可見而大雨震電此陽氣大失其節猶隱公久居位不反於桓失其宜也日者一日之中也凡災異一日者日歷日者月歷月者時歷時者加自文爲異發於九年者陽數可以極而不還國於桓之所致庚辰大雨雪何以書記異也何異爾俶甚也俶始怒也始怒甚猶大甚也蓋師說以爲平地七尺雪者盛陰之氣也八日之間先示隱公以不宜久居位而繼以盛陰之氣大怒此桓將怒而弒隱公之象俠卒俠者何吾大夫之未命者也以無氏而卒之也未命所以卒之者賞疑從重無氏者少略也夏城郎秋七月冬公會齊侯于邴

十年春王二月公會齊侯鄭伯于中丘月者隱前爲鄭所獲今始與相見故危録內明君子當犯而不校也夏翬帥師會齊人鄭人伐宋此公子翬也何以不稱公子

据楚公子嬰齊貶後復稱公子貶曷爲貶隱之罪人也故終隱
之篇貶也嫌上一貶可移於他事者故終隱之篇貶之明爲隱貶所以起隱之罪人也六月
壬戌公敗宋師于菅辛未取郜辛巳取防
取邑不日此何以日据取闞不日也一月而再取也
欲起一月而再取故日何言乎一月而再取据取漷東田及沂西田亦一月再取
兩邑不日甚之也甚魯因戰見利生事利心數動内大惡諱此其言甚
之何春秋録内而略外於外大惡書小惡
不書於内大惡諱小惡書明取邑爲小惡一月再取小惡中甚者耳故書
也於内大惡諱於外大惡書者明王者起當先自正内無大惡然後乃可治諸夏大惡因見臣子之義當先爲君父諱大惡也
内小惡書外小惡不書者内有小惡適可治諸夏大惡未可治諸夏小惡明當先自正然後正人小惡不諱者罪薄恥輕敗宋

師日者見結日偏戰也不言戰者託王於魯故不以敵辭言之所以彊王義也秋宋人衛人入
鄭宋人蔡人衛人伐載鄭伯伐取之其言
伐取之何据國言滅邑言取又徐人取舒不言伐易也其易柰何因
其力也因誰之力因宋人蔡人衛人之力
也載屬爲上三國所伐鄭伯無仁心因其困而滅之易若取邑故言取欲起其易因上伐力故同其文言伐就上載言
取之也不月者移惡上三國冬十月壬午齊人鄭人入盛日者
盛魯同姓於隱篇再見入者明當憂録之
十有一年春滕侯薛侯來朝其言朝何据内
言如諸侯來曰朝大夫來曰聘傳言來者解内外也春秋王魯
王者無朝諸侯之義故内適外言如外適内言朝聘所以別外尊内也不言朝公者禮朝受之於大廟與聘同義

其兼言之何據鄧穀來朝不兼言朝微國也略小國也稱侯者春秋託隱公
以爲始受命王滕薛先朝隱公故褒之已於儀父見法復出滕薛者儀父盟功淺滕薛朝功大宿與微者盟功尤小起行
之當各有差也滕序上者春秋變周之文從殷之質質家親親先封同姓夏五月公會鄭
伯于祁黎秋七月壬午公及齊侯鄭伯入
許日者危錄隱公也爲弟守國不尚推讓數行不義皇天降災諂臣進謀終不覺悟又復構怨入許危亡之釁外
內並生故危錄之冬十有一月壬辰公薨何以不書
葬據莊公書葬隱之也何隱爾弑也爲桓公所弑弑則何
以不書葬據桓公書葬春秋君弑賊不討不書葬
以爲無臣子也道春秋通例與文武異子沈子曰君弑臣
不討賊非臣也子不復讎非子也葬生者

三百千小百五字　公羊一　癸丑重刊　二十二　刘彦明

之事也春秋君弑賊不討不書葬以爲不
繫乎臣子也子沈子後師明説此意者明臣子不討賊當絶君喪無所繫也沈子稱子冠氏
上者著其爲師也不但言子曰者辟孔子也其不冠子者他師也公薨何以不地據莊
公薨于路寢不忍言也不忍言其僵尸之處隱何以無正月據六
年輸平不月隱將讓乎桓故不有其正月也嫌上諸成公意
適可見始讓不能見終故復爲終篇去正月明隱終無有國之心但桓疑而弑之公薨主書者爲臣子恩痛之他國自從
王者恩例錄也

春秋公羊卷第一　經三千四百二十字　注九千七百六十三字

春秋公羊經傳解詁桓公第二

何休學

元年春王正月公即位繼弒君不言即位

此其言即位何據莊公不言即位如其意也弒君欲即位故如其意以

著其惡直而不顯諱而不盈桓本貴當立所以爲篡者隱權立桓北面君事隱也即者就也先謁宗廟明繼祖也還之朝正君

臣之位也事畢而反凶服焉三月公會鄭伯于垂桓公會皆月者危之也桓弒賢

君篡慈兄專易朝宿之邑無王而行無仁義之心與人交接則有危也故爲臣子憂之不致之者爲下去王適足以起無王未

足以見無王罪之深淺故復奪臣子辭成誅文也鄭伯以璧假許田其言

以璧假之何據實假不當持辭也易之也易之則其言

假之何爲恭也爲恭孫之辭使若暫假借之辭曷爲爲恭據取邑不爲恭

敬辭有天子存則諸侯不得專地也許田者

何地皆不得專而此獨爲恭辭疑非凡邑故更問之魯朝宿之邑也諸侯

時朝乎天子天子之郊諸侯皆有朝宿之

邑焉時朝者順四時而朝也緣臣子之心莫不欲朝朝莫夕王者與諸侯別治勢不得自專朝故即位比年使大夫

小聘三年使上卿大聘四年又使大夫小聘五年一朝王者亦貴得天下之歡心以事其先王因助祭以述其職故分四方諸

侯爲五部部有四輩輩主一時孝經曰四海之內各以其職來助祭尚書曰羣后四朝敷奏以言明試以功車服以庸是也宿

者先誡之辭古者天子邦畿千里遠郊五百里諸侯至遠郊不敢便入必先告至由如他國至竟而假塗也皆所以防未然謹

事上之敬也王者以諸侯遠來朝亦加勞勤之禮以接之爲告至之須當有所住住故賜邑於遠郊其實天子地諸侯不得專

也桓公無尊事天子之心專以朝宿之邑與鄭背叛當誅故深諱使若暫假借之者不舉假爲重復舉上會者方諱言許田不

舉會無以起從魯假之也此魯朝宿之邑也則曷爲謂之許

田諱取周田也諱取周田則曷爲謂之許田繫之許也曷爲繫之許近許也此邑也其稱田何田多邑少稱田邑多田少稱邑（分別之者古有分土無分民明當察民多少課功德）夏四月丁未公及鄭伯盟于越秋大水何以書記災也（災傷二穀以上書災也經曰秋大水無麥苗傳曰待無麥然後書無苗是也先是桓篡隱百姓痛傷悲哀之心既蓄積而復専易朝宿之邑陰逆而與怨氣并之所致）冬十月

二年春王正月戊申宋督弒其君與夷及其大夫孔父（賢者不名故孔父稱字督未命之大夫故國氏之）及者何（以公夫人言及仲子微不得及君上下大夫言及知君尊亦不得及臣故問之）累也（累累從君而死齊人語也）

弒君多矣舍此無累者乎曰有仇牧荀息皆累也舍仇牧荀息無累者乎曰有（叔仲惠伯是也）則此何以書賢也何賢乎孔父（据叔仲惠伯不賢）孔父可謂義形於色矣（以稱字見先君死）其義形於色柰何督將弒殤公孔父生而存則殤公不可得而弒也故於是先攻孔父之家（大夫稱家父者字也禮臣死君字之以君得字之知先攻孔父之家）殤公知孔父死己必死趨而救之皆死焉（趨走也傳道此者明殤公知孔父賢而不能用故致此禍設使殤公不知孔父賢焉知孔父死己必死設使魯莊公不知季子賢焉知以病召之皆患安存之時則輕廢之急然後思之故常用不免）孔父正色而立於朝則人莫敢過而致難於其

君者孔父可謂義形於色矣內有其義而外形見於顏色孔子曰君子正其衣冠尊其瞻視儼然人望而畏之是也重道義形於色者君子樂道人之善言及者使上及其君若附大國以名通明當封爲附庸不絕其祀所以重社稷之臣也督不氏者起馮當國不舉馮弒爲重者繆公廢子而反國得正故爲之諱也不得爲讓者死乃反之非所以全其讓意也滕子來朝三月公會齊侯陳侯鄭伯于稷以成宋亂內大惡諱此其目言之何目見也斥見其惡言成宋亂遠也所見異辭所聞異辭所傳聞異辭所以復發傳者益師以臣見恩此以君見恩嫌義異也所見之世臣子恩其君父尤厚故多微辭是也所聞之世恩王父少殺故立煬宮不日武宮日是也所傳聞之世恩高祖曾祖又少殺故子赤卒不日子般卒日是也隱亦遠矣曷爲爲隱諱據觀魚諱隱賢而桓賊也宋公馮與督共弒君而立諸侯會於稷欲共誅之受賂便還令宋亂遂成桓公本亦弒隱而立君子

疾同類相養小人同惡相長故賊不爲諱也古者諸侯五國爲屬屬有長二屬爲連連有帥三連爲卒卒有正七卒爲州州有伯也州中有爲無道者則長帥卒正伯當征之不征則與同惡當春秋時天下散亂保伍敗壞雖不誅不爲成亂今責其成亂者疾其受賂也加以者辟直成亂也夏四月取郜大鼎于宋此取之宋其謂之郜鼎何据莒人伐杞取牟婁後莒牟夷以牟婁來奔不繫杞也器從名從本主名名之地從主人從後所屬主人器何以從名地何以從主人据錯器之與人非有即爾即就也若曰取彼器與此人異國物凡人取異國物非就有取之者皆持以歸爲有爲後不可分明故正其本名宋始以不義取之故謂之郜鼎宋始以不義取之不應得故正之謂之郜鼎如以義應得當言取宋大鼎郜本所以有大鼎者周家以世孝天瑞之鼎以助享祭諸侯有世孝者天子亦作鼎以賜之禮祭天子九鼎諸侯七卿大夫五元士三也至乎地之與人則不然凡取地皆就有之與器異

也俄而可以爲其有矣俄者謂須臾之間制得之須也諸侯土地各有封疆里數今日取之然後王者起興滅國繼絶世反取邑不嫌不明故卒可使以爲其有不復追録繫本主然則爲取可以爲其有乎爲取恣意辭也弟子未解故云爾曰否何者何者將設事類之辭若楚王之妻媦無時焉可也媦妹也引此爲喻者明其終不可名有也經不正者從可知省文也戊申納于大廟何以書納者入辭譏何譏爾遂亂受賂納于大廟非禮也周公稱大廟所以必有廟者緣生時有宮室也孝子三年喪畢思念其親故爲之立宗廟以鬼享之廟之爲言貌也思想儀貌而事之故曰齊之日思其居處思其笑語思其志意思其所樂思其所嗜祭之日入室僾然必有見乎其位周旋出入肅然必有聞乎其容聲出戶而聽愾然必有聞乎其嘆息之聲孝子之至也質家右宗廟上親親文家右社稷尚尊尊秋七月紀侯來朝稱侯者天子將娶於紀與之奉宗廟傳之無窮重莫大焉故封之百里月者明當尊而不臣所以廣孝敬蓋以爲天子得娶庶人女以其得專封也蔡侯鄭伯會于鄧離不言會此其言會何据齊侯鄭伯如紀二國會曰離二人議各是其所是非其所非所道不同不能決事定是非立善惡不足采取故謂之離會蓋鄧與會爾時因鄧都得與鄧會自三國以上言會者重其少從多也能決事定是非立善惡尚書曰三人議則從二人之言蓋取諸此九月入杞公及戎盟于唐不日者戎怨隱不反國善桓能自復翕然相親信冬公至自唐致者君子疾賢者失其所不肖者反以相親榮故與隱相違也明前隱與戎盟雖不信猶可安也今桓與戎盟雖信猶可危也所以深抑小人也凡致者臣子喜其君父脫危而至

三年春正月公會齊侯于嬴無王者以見桓公無王而行也二年有王者見始也十年有王者數之終也十八年有王者桓公之終也明終始有王桓公無之爾不就元年見始者未無王也二月非周之正月所以復去之者明春秋之道亦通於三王非主假周以爲漢制而已夏齊侯衛侯胥

命于蒲。胥命者何？相命也。（胥，相也。時盟不歃血，但以命相誓。）何言乎相命？（據盟亦相命，不道也。）近正也。（以不言盟也。）此其為近正柰何？古者不盟，結言而退。（善其近正，似於古而不相背，故書以撥亂也。）

六月，公會紀侯于盛。秋七月壬辰朔，日有食之，既。既者何？盡也。（光明滅盡也。是後楚滅鄧、穀，上僭稱王，故尤甚也。楚滅鄧、穀不書者，從治夷狄。）公子翬如齊逆女。九月，齊侯送姜氏于讙。何以書？譏。何譏爾？諸侯越竟送女，非禮也。（以言姜氏也。禮，送女父母不下堂，姑姊妹不出門。）此入國矣，何以不稱夫人？（據讙魯地。）自我言齊，（恕己以及人也。）父母之於子，雖為鄰國夫人，猶曰吾姜氏。（所以崇父子之親，從父母辭。不言孟姜言姜氏

者，從魯辭，起魯地。）公會齊侯于讙。夫人姜氏至自齊。翬何以不致？（據遂以夫人婦姜至自齊致。）得見乎公矣。（本所以致夫人者，公不親迎，有危也。翬當并致者，翬親迎，重在翬也。上會讙時，夫人以得見公，得禮失禮在公，不復在翬，故不復致。不就讙上致者，婦人危重，故据都城乃致也。月者，為夫人至例危重之。）冬，齊侯使其弟年來聘。有年。有年何以書？（方分別閒大有年，故不但言何以書。）以喜書也。大有年何以書？亦以喜書也。此其曰有年何？僅有年也。（僅猶劣也。謂五穀多少皆有，不能大成熟。）彼其曰大有年何？（問宣十六年也。）大豐年也。（謂五穀皆大熟成。）僅有年亦足以當喜乎？恃有年也。（恃，賴也。若桓公之行，諸侯所當誅，百姓所當叛，而又元年大水，二年耗減，民人将去，國喪無日，賴得五穀皆有，使百姓安土樂業，故喜而書之。所以見不肖之君為國尤危，又明為國家者不可不有年。）

四年春正月公狩于郎狩者何田狩也田者蒐狩之摠名也古者肉食衣皮服捕禽獸故謂之田取獸于田故曰狩易曰結繩罔以田魚春曰苗苗毛也明當毛物取未懷任者秋曰蒐蒐簡擇也簡擇幼稚取其大者冬曰狩狩猶獸也冬時禽獸長大遭獸可取不以夏田者春秋制也以爲飛鳥未去於巢走獸未離於穴恐傷害於幼稚故於苑囿中取之常事不書此何以書譏何譏爾遠也以其地遠禮諸侯田狩不過郊諸侯曷爲必田狩据有囿也一曰乾豆一者第一之殺也自左膘射之達於右髃中心死疾鮮絜故乾而豆之中薦於宗廟豆祭器名狀如鐙天子二十有六諸公十有六諸侯十有二卿上大夫八下大夫六士三二曰賓客二者第二之殺也自左膘射之達於右髀遠心死難故以爲賓客三曰充君之庖充備也庖廚也三者第三之殺也自左膘射之達于右髃中腸胃汚泡死遲故以充君之庖廚已有三牲必田狩者孝子之意以爲己之所養不如天地自然之牲逸豫肥美禽獸多則傷五穀因習兵事又不空設故因以捕禽獸所以共承宗廟示不忘武備又因以爲田除害狩例時此月者譏不時也周之正月夏之十一月陽氣始施鳥獸懷任草木萠牙非所以養微夏天王使宰渠伯糾來聘宰渠伯糾者何天子之大夫也其稱宰渠伯糾何据劉卷卒氏采不名且字下大夫也天子下大夫繫官氏名且字繫官者卑不得專官事也稱伯者上敬老也上敬老則民益孝上尊齒則民益弟是以王者以父事三老兄事五更食之於辟雝天子親袒而割牲執醬而饋執爵而酳冕而摠干率民之至也先王之所以治天下者有五貴有德爲其近於道也貴臣爲其近於君也貴老爲其近於父也敬長爲其近於兄也慈幼爲其近於子弟也禮君於臣而不名者有五諸父兄不名經曰王札子是也詩曰王謂叔父是也上大夫不名祭伯是也盛德之士不名叔肸是也老臣不名宰渠伯糾是也下去二時者桓公無王而行天子不能誅反下聘之故爲貶見其罪明不宜五年春正月甲戌己丑陳侯鮑卒曷爲以

二日卒之怴也怴者狂也齊人語甲戌之日亡己丑之日死而得君子疑焉故以二日卒之也君子謂孔子也以二日卒之者闕疑

夏齊侯鄭伯如紀外相如不書此何以書据蔡侯東國卒于楚不言如也離不言會也時紀不與會故略言如也春秋始録內小惡書內離會略外小惡不書外離會至所聞之世著治升平內諸夏而詳録之乃書外離會嫌外離會常書故變文見意以別嫌明疑

天王使仍叔之子來聘仍叔之子者何天子之大夫也其稱仍叔之子何据宰渠氏官武氏子不稱字又不加之尹氏不稱子譏何譏爾譏父老子代從政也禮七十縣車致仕不言氏者起父在也加之者起子辟一人

葬陳桓公不月者責臣子也知君父有疾當營衛不謹而失之也傳曰葬生者之事

城祝丘

秋蔡人衛人陳人從王伐鄭其言從王伐鄭何据河陽舉王狩別出朝文文不連王王師不道所加從王正也美其得正義也故以從王征伐録之蓋起時天子微弱諸侯背叛莫肯從王者征伐以善二國之君獨能尊天子死節稱人者刺王者也天下之君海內之主當秉綱撮要而親自用兵故見其微弱僅能從微者不能從諸侯猶莒稱人則從不疑也不使王者首兵者本不爲王舉也知實諸侯者以美得正

大雩大雩者何旱祭也雩旱請雨祭名不解大者祭言大雩大旱可知也君親之南郊以六事謝過自責曰政不一與民失職與宮室榮與婦謁盛與苞苴行與讒夫唱與使童男女各八人舞而呼雩故謂之雩不地者常地也然則何以不言旱据日食鼓用牲于社言雩則旱見言旱則雩不見從可知故省文也日食獨不省文者與大水同禮若但言鼓用牲則不知其所爲必見雩者善其能戒懼天災應變求雨憂民之急也何以書記災也旱者政教不施之應先是桓公無王行比爲天子所聘得志益驕去國遠狩大城祝丘故致此旱

螽何以書記災也螽者

煤攝之所生與上旱同說 冬州公如曹外相如不書此何以
書過我也 爲六年化我張本也傳不言化我者張本非再化也稱公者申其尊起其慢責無禮
六年春正月寔來寔來者何猶曰是人來
也 猶曰是人來不錄何等人之辭 孰謂謂州公也 以上如曹書 曷爲謂
之寔來慢之也曷爲慢之 據葵丘之盟曰 化我也 行過無禮
謂之化齊人語也諸侯相過至竟必假塗入都必朝所以崇禮讓絕慢易戒不虞也今州公過魯都不朝魯是慢之爲惡故書
寔來見其義也月者危錄之之無禮之人不可備責之 夏四月公會紀侯于成
秋八月壬午大閱大閱者何簡車徒也 大簡
閱兵車使可任用而習之 何以書蓋以罕書也 罕希也孔子曰以不教民戰是謂棄之故
比年簡徒謂之蒐三年簡車謂之大閱五年大簡車徒謂之大蒐存不忘亡安不忘危不地者常地也蒐例時此日者桓既無

文德又忽忘武備故尤危錄 蔡人殺陳佗陳佗者何陳君也
以躍卒不書葬也 陳君則曷爲謂之陳佗 據殺蔡侯般不言蔡般 絕也
絕者國當絕 曷爲絕之 據戕鄫子不絕 賤也其賤奈何外淫
也惡乎淫 惡乎猶於何也 淫于蔡蔡人殺之 蔡稱人者與使得討
之故從討賊辭也賤而去其爵者起其見卑賤猶律文立子姦母見乃得殺之也不日不書葬者從賤文 九月丁
卯子同生子同生者孰謂謂莊公也 以天人言同非
吾子 何言乎子同生 據君存稱世子子般不言生 喜有正也 吾國有正嗣
未有言喜有正者此其言喜有正何久無
正也子公羊子曰其諸以病桓與 其諸辭也本所以書莊公
生者感隱桓之禍生於無正故喜有正而不以世子正稱書者欲以正見無正疾惡桓公日者喜錄之禮生與來日死與往

日各取其所見日也禮世子生三日卜士負之寢門外以桑弧蓬矢射天地四方明當有天地四方之事三月君名之大夫負朝于廟以名徧告之

冬紀侯來朝朝聘例時

七年春二月己亥焚咸丘焚之者何樵之也樵薪也以樵燒之故因謂之樵之樵之齊人語樵之者何以火攻也何言乎以火攻据戰伐不道所用兵疾始以火攻也征伐之道不過用兵服則可以退不服則可以進火之盛炎水之盛衝雖欲服罪不可復禁故疾其暴而不仁也傳不託始者前此未有無所託也

咸丘者何邾婁之邑也曷爲不繫乎邾婁据郱鄑郚繫紀國之也欲使如國故無所繫加之者辟實國也曷爲國之据郱鄑郚不國君存焉爾所以起邾婁君在咸丘邑明臣子當赴其難與在國等也日者重録以火攻也

夏穀伯綏來朝鄧侯吾離來朝皆何以名据滕薛不名也

失地之君也其稱侯朝何据以賤也貴者無後待之以初也穀鄧本與魯同貴爲諸侯今失爵亡土來朝託寄也義不可卑故明當待之如初所謂故舊不遺則民不偷無後者施於所奔國也獨妻得配夫託衣食於公家子孫當受田而耕故云爾下去二時者桓公以火攻人君故貶明大惡不月者失地君朝惡人輕也名者見不世也

八年春正月己卯烝烝者何冬祭也春曰祠薦尚韭卵祠猶食也猶繼嗣也春物始生孝子思親繼嗣而食之故曰祠因以別死生夏曰礿薦尚麥魚麥始熟可礿故曰礿秋曰嘗薦尚黍肫嘗者先辭也秋穀成者非一黍先熟可得薦故曰嘗冬曰烝薦尚稻鴈烝衆也氣盛貌冬萬物畢成所薦衆多芬芳備具故曰烝無牲而祭謂之薦天子四祭四薦諸侯三祭三薦大夫士再祭再薦祭於室求之於幽祭於堂求之於明祭於祊求之於遠皆孝子博求之意也大夫求諸明士求諸幽尊卑之差也殷人先求諸明周人先求諸幽質文之義也禮天子諸侯卿大夫牛羊豕凡三牲曰大牢天子元士諸侯之卿大夫羊豕凡

二牲曰少牢諸侯之士特豕天子之牲角握諸侯角尺卿大夫索牛常事不書此何以
書譏何譏爾譏亟也亟數也屬十二月已烝今復烝也不異烝祭名而言烝者取冬
祭所薦衆多可以包四時之物亟則黷黷則不敬黷渫黷也君子之祭
也敬而不黷君子生則敬養死則敬享故將祭宮室既脩牆屋既繕百物既備序其禮樂具其百
官散齊七日致齊三日夫婦齊戒沐浴盛服君牽牲夫人奠酒君親獻尸夫人薦豆卿大夫相君命婦相夫人洞洞乎屬屬乎
如弗勝如將失之濟濟乎致其敬也愉愉乎盡其忠也勿勿乎其欲饗之也文王之祭事死如事生孝子之至也疏
則怠怠則忘怠解士不及茲四者則冬不裘
夏不葛禮本下爲士制茲此也四者四時祭也疏數之節靡所折中是故君子合諸天道感四時物而思親
也祭必於夏之孟月者取其見新物之月也裘葛者禦寒暑之美服士有公事不得及此四時祭者則不敢美其衣服蓋思念
親之至也故孔子曰吾不與祭如不祭天王使家父來聘家采地父字也天子中大

夫氏采故稱字不稱伯仲也夏五月丁丑烝何以書譏亟也
與上祀同爲亟也秋伐邾婁冬十月雨雪何以書記異
也何異爾不時也周之十月夏之八月未當雨雪此陰氣大盛兵象也是後有郎師龍
門之戰流血尤深祭公來遂逆王后于紀祭公者何天
子之三公也天子置三公九卿二十七大夫八十一元士凡百二十官下應十二子祭者采也天子三
公氏采稱爵何以不稱使据宰周公稱使婚禮不稱主人時王
者有母也遂者何生事也生猶造也專事之辭大夫無遂事此
其言遂何据待君命然後卒大夫也成使乎我也以上來無事知遂成使于我
其成使乎我柰何使我爲媒可則因用是往
逆矣婚禮成於五先納采問名納吉納徵請期然後親迎時王者遣祭公來使魯爲媒可則因用魯往迎之不復成

禮諸侯王者不重妃匹逆天下之母若逆婢妾將謂海内何哉故譏之不言如紀者辟有外文 女在其國

稱女此其稱王后何王者無外其辭成矣

九年春紀季姜歸于京師其辭成矣則其

稱紀季姜何自我言紀父母之於子雖爲

天王后猶曰吾季姜明子尊不加於父母京師者何天

子之居也以季姜言歸京者何大也師者何衆也

天子之居必以衆大之辭言之地方千里周城千雉宮室官府制度廣大四方各以其職來貢莫不備具所以必自有地者治自近始故據土與諸侯分職而聽其政焉即春秋所謂内治其國也書季姜歸者明魯爲媒當有送迎之禮 夏四月秋七月冬曹伯使

其世子射姑來朝諸侯來曰朝此世子也

其言朝何据臣子一例當言聘 春秋有譏父老子代從

政者則未知其在齊與曹與在齊者世子光也時曹伯年老有疾使世子行聘禮恐卑故使自代朝雖非禮有尊厚魯之心傳見下卒葬詳録故序經意依違之也小國無大夫所以書者重惡世子之不孝甚

十年春王正月庚申曹伯終生卒夏五月

葬曹桓公小國始卒當卒月葬時而卒日葬月者曹伯年老使世子來朝春秋敬老重恩故爲魯恩録之尤深 秋公會衛侯于桃丘弗遇會者何期辭

也其言弗遇何公不見要也時實桓公欲要見衛侯衛侯不肯見公以非禮動見拒有恥故諱使若會而不相遇言弗遇者起公要之也弗者不之深也起公見拒深傳言公不見要者順經諱文

冬十有二月丙午齊侯衛侯鄭伯來戰于

郎郎者何吾近邑也以言來也吾近邑則其言來

戰于郎何據齊師宋師次于郎不言來公敗宋師不言戰龍門之戰不舉地也近也惡

乎近近乎圍也地而言來者明近都城幾與圍無異不解戰者從下說可知此偏

戰也何以不言師敗績據十三年師敗績偏一面也結日定地各居一面鳴

鼓而戰不相許內不言戰言戰乃敗矣春秋託王於魯戰者敵文也王者兵不與諸侯敵戰乃其已敗之文故不復言師敗績魯不復出主名者兵近都城明舉國無大小當戮力拒之

十有一年春正月齊人衛人鄭人盟于惡

曹月者託公行惡諸侯所當誅屬上三國來戰于郎今復使微者盟故爲魯懼危錄之夏五月癸

未鄭伯寤生卒秋七月葬鄭莊公莊公殺段所以書葬者段當國本當從討賊辭不得與殺大夫同例九月宋人執鄭祭仲祭仲

者何鄭相也不言大夫者欲見其持國重何以不名賢也何賢

乎祭仲据自執若出不能防難以爲知權也權者稱也所以別輕重喻祭仲知國重君輕君子以存國除逐君之罪雖不能防其難罪不足而功有餘故得爲賢也不[illegible]取其平實以無私其爲

知權奈何古者鄭國處于留先鄭伯有善

于鄶公者通乎夫人以取其國而遷鄭焉遷鄭都於鄶也而野留野鄶也傳本上事者解宋所以得執祭仲因以爲戒莊公死已

葬祭仲將往省于留塗出于宋宋人執之

宋人宋莊公也謂之曰爲我出忽而立突突宋外甥祭仲不

從其言則君必死國必亡祭仲死而忽旋爲突所驅逐而出奔經不書忽奔見微弱甚是時宋強而鄭弱祭仲探宋莊公本弒君而立非能爲突將以爲賂動守死不聽令自入見國無拒難者必乘便

將滅鄭故深慮其大者也從其言則君可以生易死國可以存易亡少遼緩之宋當從突求賂鄭守正不與則突外乖於宋內不行於臣下遂假緩之則突可故出而忽可故反是不可得則病從突有賢才是計不可得行則己病逐君之罪然後有鄭國己雖病逐君之罪討出突然後能保有鄭國猶愈於國之亡古人之有權者祭仲之權是也古人謂伊尹也湯孫大甲驕蹇亂德諸侯有叛志伊尹放之桐宮令自思過三年而復成湯之道前雖有逐君之負後有安天下之功猶祭仲逐君存鄭之權是也權者何權者反於經然後有善者也權之所設舍死亡無所設設施也舍置也如置死亡之事不得施行權有道自貶損以行權身蒙逐君之惡以存鄭是也不害人以行權己納突不害忽是也殺人以自生亡人以自

存君子不為也祭仲死則忽死忽死則鄭亡生者乃所以生忽存鄭非苟殺忽以自生亡鄭以自存反覆道此者皆所以解上死亡不施於己宋不稱公者脅鄭立篡首惡當誅非伯執也祭仲不稱行人者時不銜君命出使但往省留耳執例時此月者為突歸鄭奪正鄭伯出奔突歸于鄭突何以名据忽復歸于鄭俱祭仲所納繫國稱世子不但名也挈乎祭仲也挈猶提挈也突當國本當言鄭突欲明祭仲從宋人命提挈而納之故上繫於祭仲不繫國者使與外納同也時祭仲勢可殺突以除忽害而立之者忽內未能懷保其民外未能結款諸侯如殺之則宋軍強乘其弱滅鄭不可救故少遼緩之其言歸何据小白言入順祭仲也順其計策與使行權故使無惡鄭忽出奔衛忽何以名据宋子既葬稱子春秋伯子男一也辭無所貶春秋改周之文從殷之質合伯子男為一一辭無所貶皆從子夷狄進爵稱子是也忽稱子則與春秋改伯從子辭同於成君無所貶損故名也名者緣君薨有降既葬名義也此非罪貶也君子不奪人之親故使不離子行也王者起所以必改質文者為承衰亂救人

之失也天道本下親親而質省地道敬上尊尊而文煩故王者始起先本天道以治天下質而親親及其衰敝其失也親親而不尊故後王起法地道以治天下文而尊尊及其衰敝其失也尊尊而不親故復反之於質也質家爵三等者法天之有三光也文家爵五等者法地之有五行也合三從子者制由中也

柔會宋公陳侯蔡叔盟于折柔者何吾大夫之未命者也以俠卒也輒發傳者無氏嫌疑也所以不卒柔者深薄桓公不與有恩禮於大夫也盟不日者未命大夫盟會用兵上不及大夫下重於士罰疑從輕故責之略蔡稱叔者不能防正其姑姊妹使淫於陳佗故貶在字例

公會宋公于夫童冬十有二月公會宋公于闞

十有二年春正月夏六月壬寅公會紀侯莒子盟于毆蛇秋七月丁亥公會宋公燕人盟于穀丘八月壬辰陳侯躍卒不書葬者佗子也佗不稱侯者嫌貶在名例不當絕故復去躍葬也

公會宋公于郯冬十有一月公會宋公于龜丙戌公會鄭伯盟于武父丙戌衛侯晉卒不蒙上日者春秋獨晉書立記卒耳當蒙上日與不嫌異於篡例故復出日明同

十有二月及鄭師伐宋丁未戰于宋戰不言伐此其言伐何辟嫌也惡乎嫌嫌與鄭人戰也時宋主名不出不言伐則嫌內微者與鄭人戰於宋地故舉伐以明之宋不出主名者兵攻都城與郎同義此偏戰也何以不言師敗績內不言戰言戰乃敗矣

十有三年春二月公會紀侯鄭伯己巳及齊侯宋公衛侯燕人戰齊師宋師衛師燕

師敗績曷爲後日（据鄑之戰先書日）恃外也其恃外奈何得紀侯鄭伯然後能爲日也（得紀侯鄭伯之助然後乃能結戰日以勝君子不掩人之功不蔽人之善故後日以明之）内不言戰此其言戰何（据公敗宋師于菅）從外也（從外諸侯相與戰例）曷爲從外（据戰于宋不從外言敗績）恃外故從外也（明當歸功於紀鄭故從紀鄭言戰）何以不地（据上下句）近也惡乎近近乎圍郎亦近矣郎何以地郎猶可以地也（郎雖近猶尚可言其處今親戰龍門兵攻城池尤危故恥之績功也非義不戰故以功言之不言功者取其積聚師衆有尊卑上下次第行伍必出萬死而不奔北故以自敗爲文明當坐也燕戰稱以敗績稱師者重敗也戰少而敗多言及者明見伐者爲主故得汲汲敗勝之文）

三月葬衛宣公（背殯用兵而月不危之者衛弱於齊宋不從亦有危故量力不責也）

夏大水（爲龍門之戰死傷者衆民悲哀之所致）

秋七月冬十月

十有四年春正月公會鄭伯于曹無冰何以書記異也（周之正月夏之十一月法當堅冰無冰者温也此夫人淫泆陽而陰行之所致）

夏五鄭伯使其弟語來盟夏五者何無聞焉爾（來盟者聘而盟也不言聘者舉重也内不出主名者主國也莅盟可知莅盟來盟例皆時者從内爲王義明王者當以至信先天下）

秋八月壬申御廩災御廩者何粢盛委之所藏也（黍稷曰粢在器曰盛委積也御者謂御用于宗廟廩者釋治穀名禮天子親耕東田千畝諸侯百畝后夫人親西郊采桑以共粢盛祭服躬行孝道以先天下）御廩災何以書記災也（火自出燒之曰災先是龍門之戰死傷者衆桓無惻痛於民之心不重宗廟之尊逆天危先祖鬼神不饗故天應以災御廩）

乙亥嘗常事不書此何以書譏何譏

爾譏嘗也譏新有御廩災而嘗之曰猶嘗乎難曰四時之祭不可廢則無猶嘗乎
御廩災不如勿嘗而已矣當廢一時祭自責以奉天災也知不以不時者
書本不當嘗也冬十有二月丁巳齊侯禄父卒宋人
以齊人衛人蔡人陳人伐鄭以者何行其
意也以己從人曰行言四國行宋意也宋前納突求賂突背恩伐宋故宋結四國伐之四國本不起兵當分別之故
加以也宋恃四國乃伐鄭四國當與宋同罪非爲四國見輕重
十有五年春二月天王使家父來求車何
以書譏何譏爾王者無求求車非禮也王者
千里畿內租稅足以共費四方各以其職來貢足以尊榮當以至廉無爲率先天下不當求求則諸侯貪大夫鄙士庶盜竊求
例時此月者桓行惡不能誅反從求之故獨月三月乙未天王崩桓王也夏四

月己巳葬齊僖公當時而日者責讀伐鄭危之五月鄭伯突
出奔蔡突何以名[illegible]從衛侯出奔建不名不連爵問之者紅非問一巳名今復名故使文相顧
奪正也明祭仲得出之故復於此名著其奪正不以失衆録也月者大國奔例月重乘離之禍小國例時
鄭世子忽復歸于鄭其稱世子何据上出奔不稱世子
復正也欲言鄭忽則嫌其出奔還入與當國同文反更成上鄭忽爲當國故使稱世子明復正以絕祭仲之
權亦所以解上非當國也曷爲或言歸或言復歸復歸者出
惡歸無惡復入者出無惡入有惡入者出
入惡歸者出入無惡皆於還入乃別之者入國犯命禍重也忽未成君出奔不應絕
出惡者不如死之榮也入無惡者出不應絕則還入不應盜國許叔入于許稱叔者春秋前失爵
在字例也入者出入惡明當誅也不書出時者略小國公會齊侯于鄗邾婁人

牟人葛人來朝皆何以稱人據言朝也夷狄之也
桓公行惡而三人俱朝事之三人爲衆衆足責故夷狄之秋九月鄭伯突入于櫟
櫟者何鄭之邑曷爲不言入于鄭據齊陽生立陳乞家言入
于齊末言爾末者淺也解不言入國意曷爲末言爾據俱篡也祭仲
亡矣亡死亡也祭仲亡則鄭國易得故明入邑則忽危矣不須乃入國也所以效君必死國必亡矣然則
曷爲不言忽之出奔據上言出奔也言忽爲君之微
也祭仲存則存矣祭仲亡則亡矣言忽微弱甚於鴻毛
僅若匹夫之出可故不復錄皆所以終祭仲之言解不虛設危險之嫌冬十有一月公
會齊侯宋公衛侯陳侯于侈伐鄭月者善諸侯征突善錄義
兵也不舉伐爲重者用兵重於會嫌月爲桓伐有危舉不爲義兵錄故復錄會

十有六年春正月公會宋公蔡侯衛侯于
曹夏四月公會宋公衛侯陳侯蔡侯伐鄭
秋七月公至自伐鄭致者善桓公能疾惡同類比與諸侯行義兵伐鄭致例時此月
者善其比與善行義故以致復加月也冬城向十有一月衛侯朔出
奔齊衛侯朔何以名據衛侯出奔楚不名絕曷爲絕之
據俱奔也得罪于天子也其得罪于天子奈何見
使守衛朔朔十二月朔政事也月所以朝廟告朔是也而不能使衛小
衆時天子使發小衆不能使行越在岱山陰齊越猶走也岱山岱宗泰山也山北曰陰先言岱陰
後言齊者明名山大澤不以封諸侯以爲天地自然之利非人力所能加故當與百姓共之傳著朔在岱陰者明天子當及是
時未能交連五國之兵早誅之屬負茲舍不即罪爾屬託也天子有疾稱不豫諸侯

稱負茲大夫稱犬馬士稱負薪舍止也託疾止不就罪

十有七年春正月丙辰公會齊侯紀侯盟

于黃二月丙午公及邾婁儀父盟于趡本失爵在名例不朝桓公稱人今此不名者蓋以爲義父最先與隱公盟明元功之臣有誅而無絶五月丙午

及齊師戰于奚夏者陽也月者隂也去夏者明夫人不繫於公也此戰蓋由桓公曰同非吾子云爾

六月丁丑蔡侯封人卒秋八月蔡季自陳

歸于蔡稱字者蔡侯封人無子季次當立封人欲立獻舞而疾害季季辟之陳封人死歸反奔喪思慕三年卒無怨心故賢而字之出奔不書者方以起季奔喪歸故使若非出奔歸不稱弟者見季不受父兄之尊也宜爲天子大夫天子大夫不得與諸侯親通故魯季子紀季皆去其氏唯卒以恩録親季友叔肸卒是也癸巳葬蔡桓

侯稱侯曰桓奪臣子辭也有賢弟而不能任用反疾害之而立獻舞國幾并於蠻荆故賢季抑桓稱侯所以起其事

及宋人衛人伐邾婁冬十月朔日有食之是後夫人譖公爲齊侯所誘殺去日者著桓行惡故深爲内懼其將見殺無日

十有八年春王正月公會齊侯于濼公夫

人姜氏遂如齊公何以不言及夫人据公及夫人會齊侯于陽穀夫人外也若言夫人已爲公所絶外也夫人外者何内

辭也内爲公諱辭其實夫人外公也時夫人淫於齊侯而譖公故云爾言遂者起夫人本與公出會齊侯于濼故得并言遂如齊不書夫人會書夫人遂者明遂在夫人齊侯誘公使遂如齊以夫人譖公故

夏四月丙子公薨于齊不書齊誘殺公者深諱恥也地者在外爲大國所殺於國危國重故不暇隱也丁酉公之喪至自齊凡公薨外致者危痛之外多窮厄伐喪内多乘便而起不可不戒慎加之者喪者死之通辭也本以别生死不以明貴賤非配公之稱故加之以絶秋

七月冬十有二月己丑葬我君桓公賊未討何以書葬据隱公也讎在外也讎在外則何以書葬据俱讎也君子辭也時齊強魯弱不可立得報故君子量力且假使書葬於可復讎而不復乃責之諱與齊狩是也揔者謚禮生有爵死有謚所以勸善懲惡也禮諸侯薨天子謚之卿大夫受謚於君唯天子稱天以誄之蓋以為祖祭乃謚丁酉公之喪至自齊丁巳葬我君定公雨不克葬戊午日下昃乃克葬是也以公配謚者終有臣子之辭上葬日者起生者之事也且明王者當遣使者與諸侯共會之加我君者錄內也猶君薨地也

春秋公羊卷第二 經三千一百三十六字 注七千九百二字